따오기는 지금도 날고 있을까

문장시인선 027　　김종분 시집

따오기는 지금도 날고 있을까

인쇄 | 2024년 11월 25일
발행 | 2024년 11월 30일

글쓴이 | 김종분
펴낸이 | 장호병
펴낸곳 | 북랜드
　　　　04556 서울 중구 퇴계로41가길 11-6, JHS빌딩 501호
　　　　41965 대구 중구 명륜로12길 64(남산동)
　　　　대표전화 (02)732-4574, (053)252-9114
　　　　팩시밀리 (02)734-4574, (053)252-9334
　　　　등록일 | 1999년 11월 11일
　　　　등록번호 | 제13-615호
　　　　홈페이지 | www.bookland.co.kr
　　　　이-메일 | bookland@hanmail.net

책임편집 | 김인옥
기　　획 | 전은경
교　　열 | 서정랑

ⓒ 김종분, 2024, Printed in Korea
저자와의 협의하에 인지를 생략합니다.

ISBN 979-11-7155-096-8　03810
ISBN 979-11-7155-097-5　05810 (e-book)

값 12,000원

문장시인선 27
따오기는 지금도 날고 있을까

김종분 시집

북랜드

시인의 말

  파란 하늘이 열리고 단풍이 곱게 물드는 결실의 계절, 소슬한 바람에 흔들리는 갈대의 빈 마음처럼 채워지지 않는 삶의 여백을 차곡차곡 갈피로 엮어 보았습니다.

  늦깎이로 시 문학에 등단하여 첫 시집을 발간하게 해 주신 하느님께 감사드립니다.

  코로나 팬데믹으로 멈춰진 발걸음을 인도해준 데레사 문우님, 서툰 글을 곱게 잡아주신 권숙월 지도 선생님과 여울반 문우님들, 창작에 격려를 아끼지 않는 가족들, 모든 분들에게 감사를 드립니다.

  별과 바람과 자연 속에서 삶의 진솔함을 글로 표현함이 때론 누군가의 마음에 울림이 된다면 좋겠다는 간절한 마음을 담아 부끄럽지만 이 시집을 바칩니다.

2024년 11월

김 종 분

축하의 글

맑은 시심의 향기로운 시

 김종분 시인은 독실한 천주교 신자로 시에 대한 열정이 남다르다. 그는 시를 배우고 쓰는 데는 젊은 사람 못지않아 수업 시간 빠지는 일이 거의 없음은 물론 시를 써오는 데도 모범적이다.

 김종분 시인의 시어는 소박하고 순수하다. 그의 시 정신은 먼 곳에 위대하게 존재하는 것이 아니라 생활 주변 가까이에 있으며 그래서 그만큼 구체적이다. 작은 개체를 구체적으로 파악함으로써 큰 뜻을 내포하려 하며 나이를 잊은 시어 구사로 친근감이 느껴진다.

 그렇게 쓴 130편이 넘는 시 가운데 107편을 묶어 첫 시집 『따오기는 지금도 날고 있을까』를 발간하는 김종분 시인에게 축하의 큰 박수를 보낸다.

 표제 시는 우포늪에서 들은 따오기의 울음소리를 잊지 못하여 쓴 것이다.

 김천문화원과 백수문학관에서 시를 배운 지 불과 2년 만인 2021년 79세에 《시원》을 통해 문단 데뷔의 꿈을 이루고 그로부터 3년 만인 이번에 시집을 발간하는 그의 열정에 찬사를 보내지 않을 수 없다.

 중진 시인들로 구성된 계간 《시원》 신인상 당선 심사평에서 "김종분 시인은 이미지를 구축하는 표현들이 신선하며 사물의 깊이를 통해서 문학적 진실을 추구하려는 사유의 과정이 공감에 이르게 한다."고 높이 평가했다. 또한 "시는 결국 사물에 대한 새로운 해석이거나 그림이 아니겠느냐"며 "계절감을 통해서, 혹은 계절이 주는 변화감을 통해서 자아를 반추하면서 삶의 진실을 의역해내는 솜씨에 믿음이 간다."고 했다.

김종분 시인은 당선 소감을 이렇게 썼다.

"늦은 나이에 시작한 시를 쓰고 읽는 재미에 세월 가는 줄 모릅니다. 먼 인생의 뒤안길을 돌아서 풋풋한 사랑을 다시 만난 떨림으로 인생 제2막의 새로운 시간을 얻어 '시인'이란 이름표까지 달게 되었습니다. 울림을 주는 시, 혼이 깃든 시를 쓰고자 함은 너무 과한 욕심이겠지요. 겸손한 마음으로 소소한 단상을 책갈피로 엮어가겠습니다."

그의 시 창작에 대한 각오가 다부지다.

다시 한번 시집 발간을 축하드리며 초심을 잃지 않고 독실한 신앙심, 맑은 시심으로 감동을 주는 따뜻하고 향기로운 시 오래오래 써주기를 기대해 본다.

2024년 늦가을
권숙월 시인

차례

- 시인의 말
- 축하의 글 ——————— 권숙월 … 6

1 꿈을 향하여

설렘 … 16
태풍 … 17
꿈을 향하여 … 18
경천대에서-친구 생각 … 20
눈썹달 … 22
단양강 … 23
아버지 … 24
거제도 예구항 … 26
변덕스런 구름 … 27
영원한 것은 없다 … 28
책등 … 30
마음 … 31
시인의 고향 길 … 32
문학기행 … 34
낯선 길을 걷다 … 36
새뜰 마을 … 38
내소사 기행 … 39
선생님 얼굴 … 40

2 사월의 면사포

오월의 화신… 44
산이 좋아… 45
내일의 꿈… 46
사월의 면사포… 48
복숭아꽃에 홀리다… 49
사월을 보내며… 50
봄풍경… 51
노스텔지아… 52
따오기는 지금도 날고 있을까… 53
단비… 54
시인의 대장간… 55
연蓮… 56
생존의 아이러니… 57
미니 라일락… 58
숲을 걸으며… 59
떠나가는 봄… 60
사월과 오월… 61
벚꽃의 일생 … 62

3 하얀 찔레꽃

입춘 … 64
봄소식 … 65
분홍장미 … 66
봄비 I … 67
봄비 II … 68
외톨이 … 70
자목련 … 72
꽃잔치 … 74
텃밭 … 76
개나리꽃 한 가지 … 77
호랑나비 한 마리 … 78
맨발걷기 … 79
하얀 찔레꽃 … 80
이름도 모르고 … 81
자두 한 알 … 82
그네 … 84
만종 … 85
들마루 … 86

4 여길까 저길까

복분자 … 90
초승달 … 91
여길까 저길까 … 92
빗속의 세레나데 … 94
사색의 계절 … 96
장마 속 달님 … 97
비둘기 울음소리 … 98
장맛비 … 99
풍경 … 100
눈부신 해님 … 101
나도 성질났다 … 102
천둥소리 … 103
피서 … 104
코로나 팬데믹 … 105
장마 … 106
슈퍼문의 변신 … 108
가려나 … 110
여름의 끝자락 … 112

5 백의의 천사

백합꽃 … 114
새벽 산책 … 115
기도 … 116
개나리 … 117
백의의 천사 … 118
엠마오 가는 길 … 119
메멘토 모리 … 120
붉은 오로라 … 122
하느님과 인간 … 123
친구 … 124
혼불 … 126
해바라기 축제 … 127
유빈 엄마 … 128
천재 악동 … 130
잊으며 가자 … 132
닉네임 … 133
너만 가지 … 134
나 그대가 되어 … 136

6 옹골의 소확행

십일월의 풍경 … 138
예쁜 가을 … 139
옹골의 소확행 … 140
가을앓이 … 142
떨어지는 가을 … 144
병풍 … 145
이별 … 146
담쟁이 벽화 … 147
계절의 길목에 서서 … 148
단풍 … 150
시월의 어느 날 … 151
풋각시 … 152
사랑스런 후예들 … 154
미련 … 155
하현달 … 156
나도 따라가네 … 157
익어가는 가을 … 158

1
꿈을 향하여

설렘

새로운 만남은 나를 무척 설레게 한다
소소한 나의 일상에
조그만 파문이 일듯
또다른 만남의 인연은 도전이다

그것은 주어진 시간에서
내가 선택한 용기에
스스로 박수를 보낸다

글이라는 한 부문에 시선을 같이하며
마음의 결을 따라
감정을 표현해 보고 싶다

잔잔한 삶의 언저리에서
또다른 나를 발견하며
오늘 문학의 한 장르에
첫발을 내딛는다

태풍

바비가 온다
초속 50미터 초강력 태풍이란다
제주도 근해까지 왔단다
서해상에서 진로는 황해도이다

오늘 아침은 햇빛이 쨍
11시쯤 되니 비가 한줄기 쏟아졌다
조금 지나니 해가 다시 나타났다

동쪽 하늘이 파랗게 열리더니
흰 뭉게구름이 솜처럼 피었다
한순간 다시 먹구름이 하늘을 덮고
비가 쏟아졌다

잠시 비가 멎어 창문을 열었더니
시원한 바람이 와락 몰려 왔다
하늘에는 먹구름이 둥둥 떠와서 또 모인다

태풍의 눈은 어디쯤 가고 있을까
우리 지역은 태풍의 반경에서
다행히도 멀어져 있나 보다

꿈을 향하여

직지에서 나와 좌로 돌아
깊은 산속을 아침 일찍 들어서니
아담한 건물이 눈에 든다

오, 이런 곳이 있었나
토박이로 수십 번 더 왔음 직한 직지사에
이런 경관은 처음이다

인접한 곳에 도자기 박물관 센터
그 위쪽으로 선인장 식물원 하며
여러 곳의 명소가 더 있단다

고즈넉한 숲길엔 드리워진 가문비나무
수령 수십 년의 울창한 나무들이
빽빽이 줄지어 장관을 이룬다

내로라하는 문인들이 애정을 가지고 드나들었을
〈백수 문학관〉
자칫 잊고 살았던 '나'를
그리움의 세계를 되살려준 단초가 될 줄이야

부소산을 오르는 한 소녀의 모습
단발머리 교복에 흰 모를 쓰고
재잘대는 여학생 무리에서 벗어나
혼자서 산길을 오르는…

여고 시절 백제의 옛 도읍 부여의
수학 여행을 떠올리게 한다

릴케의 시집을 옆에 끼고
소월 시를 읊조리며
낭만에 젖어 살던 문학 소녀

지금은 신중년도 훌쩍 넘은 세대지만
아직도 마음 깊은 곳엔
고이 접어둔 시정이 용솟음침을 어이할꼬

잊혀진 꿈을 새로이 성취하려는
가슴 뛰는 희망의 고동 소리
그 꿈을 향한 삶으로 아직 청춘이련다

경천대에서
-친구 생각

그대는 잊었는가
우리 두 사람. 고국을 떠나기로 결심을 굳히던 날
너의 엄마와 나의 엄마 묘소를 마지막 찾았지
학업의 실패. 설 곳이 없다는 좌절감에
미지의 세계 꿈을 싣고
유학을 결심했던 날이었지
존경하는 선생님의 주선으로
희망의 끈을 움켜잡고
고국의 모든 것을 접고 장족의 발걸음을
내딛기 위해
우리는 굳게 결심했지
묘소를 참배하고 돌아오는 길
강가에 서서 푸른 강물 위에
우리의 꿈을 새기면서 맹세하였지
꼭 성공해서 돌아오리라고
그날도 강바람에 나무들은 춤을 추었지
세월은 나이테를 안고
강가에 나를 세웠는데
그리운 친구여 그대는 지금 어디에?

무심한 강바람에
둘러선 나무들은
오늘도 여전히 춤을 추고 있네

눈썹달

해 질 무렵 서녘 하늘에
눈썹달이 떴다
별빛 시녀를 거느렸다

황도의 속살로
고운 빛을 갈아입은 눈썹달
오랜만에 드러낸 자태에
수줍음이 가득하다

몇 날 며칠을 빗물로 씻고
널린 구름조각으로 닦아
맑게 펼친 하늘에
어여쁜 선녀로 모습을 드러냈다

가지 마라 가지 마라
기다리고 기다리던 그리움의 연서가
채 이르기도 전에
서쪽으로 서쪽으로 멀어져 가는 안타까움이여

단양강

단양강가 숲에 숨은 이 누구
강물을 스쳐오는 청량함은
그가 뿜어내는 푸른 숨결인가

모노레일을 타고
서서히 오르는 선암계곡
정상 아래 펼쳐진 비경이여

때 묻지 않은 처녀림
하늘만을 품고 있는 강물
그림같이 반짝이는 동네

아름다운 저 풍광을
짧은 붓끝으로 어찌 다 표현하리
하루를 자연과 동화되어 살았으니
나 또한 자연인이 아닌가

아버지

비가 오면
아득히 멀어진 그리움이
안개처럼 피어오른다

자상한 친정 아버지
어렸을 적 잠자리에서 들려주신
맛있는 옛얘기들

마을에 킁킁이 아저씨와
흠숭천주 아저씨가 있었단다
장대비가 아무리 쏟아져도 걸어가는 아저씨

여보게 킁킁이 비 맞지 말고 쫓아오게
쫓아가면 이 비 저 비 남의 비까지 다 맞으니
비 사이로 걸어간다던 아저씨

하루는 흠숭천주 아저씨가
들 가운데 긴 봇도랑을
온종일 휘젓고 있었다

보다 못한 마을 분이
여보게 흠숭천주 뭘 찾고 있나
옳거니, 찾았다 흠숭천주

도랑을 건너다 잃어버린
그 흠숭천주를 염불처럼 외우다
흠숭천주 곁으로 가셨다는 아저씨

아버지는 신앙심이 깊으셨다
우리는 세상 농원에 뿌려진 품꾼들
희로애락의 모든 삶이
품삯을 셈하는 공덕이란 말씀을 주셨다

품삯을 채우기 위해
삶의 밭을
성실히 가꾸었나 돌아본 하루다

거제도 예구항

산악회에서 예구항을 찾았다
남해는 아직 가을빛으로 물들어 있다
숲길에 깔린 낙엽은
푹신한 융단길이다
모처럼의 횡재로 얻은 시간
하늘은 나지막이 회색으로 내려앉는데
갯바위에 앉아
산과 바다를 한꺼번에
만나는 삶의 힐링시간이다
철썩이는 파도
발밑에 부서지는 하얀 포말은
밀려왔다 밀려가는
억겁의 시간을 노래하고 있다
파도여 갈매기여
멀리 보이는 수평선을 넘나들며
어제도 돌아올 내일도
변함없는 자연의 정직함을 약속해 준다

변덕스런 구름

맑은 하늘이 갑자기 비를 쏟았다

어스름 저녁

서쪽 하늘이 온통 불바다다
누가 불을 질렀나
가던 길을 잃었다

잠시 후 잿빛 구름이
살금살금 기어 나오더니
불타는 구름들을 짓뭉개버렸다

하얀 조개구름이 밀고 나왔다
그러자 신기루처럼
오렌지빛 초승달이 모습을 드러낸다

서쪽으로 서쪽으로
지친 몸이 무거워
참외 껍질 걸친 듯 이지러진다

검은 구름이
끝내
그도 삼켜 버렸다

영원한 것은 없다

B라는 친구가 있었다
직장이 탄탄한 남편과
삼남매를 둔 다복한 친구였다
그 집 앞을 지날 때마다 친구를 떠올린다
주황색이 빨강에 더 가까운 이층 양옥집
특수 공법으로 설계한 암키와와 수키와로 지은 기와집
부채살 모양의 작은 이층 지붕과
단층 역시 오각형의 부채살 모양 이은 붉은 지붕
거기에 별채의 잇단 지붕이 더욱 격이 높아 보인다
볕이 잘 드는 이층 유리창에 남쪽으로 난 발코니가
하늘을 향하여 있고
마당엔 정원수와 해묵은 목련이 무성한 잎으로
세월을 읽고 있다
높은 울담은 그 집의 격리된 고고함을 이야기하는 듯
평생 살 것이라 애착하며 한곳 한곳 빈틈없이 다독이며
숨을 불어넣듯 혼신을 다하여 지은 집
수십 년의 세월이 흐른 지금
그 가족은 모두 떠나고
낯선 노부부가 기거한다는 얘기다
먼 발치 대문 위 홍살문 틈으로

흰 개 한 마리만 왔다 갔다 맴돌 뿐
기척이 없다
반려자처럼 애지중지 가꾸던 집을 버리고
떠난 친구, 영원히 살 것이라던

책등

시립미술관 앞
높다랗게 책등이 걸려있다
언제부터였을까
얼마나 많은 사연들이 쓰여 있길래
저리도 두껍게 펼쳐져 있나

이른 아침 찬바람이 실눈을 뜨고 지나다
매서운 오늘 날씨를 점쳐 두었나
쪽빛 하늘이 내려앉아
구름과의 애절한 사랑을 읊어 놓았나

지는 해를 등진 노을이
지저귀는 새소리 들으며
만종의 하루를 여며야 하는
눈물 글썽인 아쉬움을 토로했을까

밤하늘의
푸른 별들이 몰려나와
오묘한 우주의 신비를 기록해 두었나
나도 한번쯤
불멸하는 삶의 사연들을
거기다 쏟아 놓고 싶다

마음

이사를 오고
처음으로 마음을 준 사람
그는 나에게로 다가와
새로운 활력을 선사했다
우리는 행복한 마음으로
같은 방향을 보면서 걸었다
무지갯빛 미래를 꿈꾸며
매일매일이 푸른 하늘이었다
그러던 어느 날
그는 마음의 평정을 잃고
가던 길을 멈추었다
지금은 고작 먼발치에서
조용한 미소를 보낼 뿐이다
지금도 나는 그를 좋아한다
아니 사랑한다는 말이 맞을 것 같다
언제일까
가벼운 몸짓으로 손을 흔들며
내게로 돌아올 날이
그가 오는 날
나는 무엇을 준비해서
그를 기쁘게 할까

시인의 고향 길

내소사에 이는 바람이
여느 바람과 같으랴
거기에 다져지고 바래져
하얗게 펼쳐진 길은
잊혀지지 않는 고향 신작로

모롱이를 돌아서면
하얀 무명베옷 행주치마에
젖은 손 닦으며
두 팔 벌려 맞아주는
어머니의 마중길

붉게 익은 단풍에
까맣게 그을은 어머니 얼굴
찬바람 덮여진 몸이 얼세라
따뜻한 구들장으로
이끄시는 어머니의 두 손 같아라

세월이 변하여
문명의 바퀴가 돌고 또 돌아도

작은 연등에 담겨진 탑돌이처럼
억겁으로 쌓아 올린
어머니의 소망은
오직 자식만을 위한 그 마음뿐이리

문학기행

안동 권정생 생가
세상을 떠날 때까지
홀로 지낸 여덟 평의 집
권정생 동화나라
평생을 가난과 병마와 싸우면서도
아이들의 평화로운 세상을 꿈꾸면서
글쓰기에 삶을 다하신 집념이
고스란히 배어 있는 문학관이다
문학관 앞에 서 있는 두 그루의 파초
이를 대변하듯
나목이 된 십일월의 앙상한 나무들 사이에
아직도 푸른 꿈을 간직한
거대한 파초
가난과 역경을 딛고 일어선 선생님의
푸른 꿈을 상징하는 것 같았다
평생 어린이들을 위해 남기신
선생님의 유작과 행적
하찮은 강아지 똥을 통해서
가장 낮은 곳에 뿌리를 둔
겸손한 삶을 반추하며
성자로 살다 가신 선생님

어·머·니 얼굴을 허공에 새기는
어머니를 향한 그리움
하늘의 별이 된 작가의 숭고한 삶이
마음에 울림으로 남는다

낯선 길을 걷다

수년 전 골조를 세워
성냥갑처럼 창틀을 낸
콘크리트 2층 구조물
무슨 계획을 세워 짓다 말았을까
푸른 담쟁이들이 건물 벽을 에워싸
군락을 이룬다
유령이 나올 듯한 폐건물이다
길을 건너 소롯길을 오르니
성곽처럼 높다랗게 쌓은 벽
옛 금지천金之泉
옛날 이곳에 금이 나는 샘이 있어
금지천金之泉이라고 했다는데
김천金泉이라는 지명도 이에 비롯되었다고 한다
'윤슬'이라는 글귀와
햇빛이나
달빛으로
반짝이는 잔물결이라고 부언이 되어있다
　"금지천의 윤슬처럼
　　반짝반짝 빛나는 길"

글이 빛난다
정말 아름다운 길
다시 걷고 싶은 길이다

새뜰 마을

그대를 만나 행복해요
두 귀가 쫑긋한 야옹이가 인사를 한다
분홍빛 왕벚꽃이 온 산을 덮고 있다
보랏빛 오랑캐꽃
땅따먹기하듯 군락을 이룬다
수많은 바람개비가 신선한 희망을 실어오고
작은 화분들을 줄줄이 담벼락에 매달아
찾아오는 길손을 반겨주는 꽃의 행렬
세월의 흔적을 남기려
열병식을 하고 있는 골동품들
서각장군도 있고
가마솥에 왕겨를 집어던지며
불을 붙이는 풀무도 있다
여인네 안방에서나 있음 직한
요강도 나와 있다
골목골목마다 특색 있는
추억 거리, 볼거리, 느낄 거리
고깔모자에 색동옷 곱게 차려입은
동자 동녀가
담장 위에 걸터앉아 손가락으로 가리키는 그곳
감성을 자극하는 꿈의 여행길이다

내소사 기행

경내에 들어서니
아름드리 나무들이 줄지어 서 있다
붉은 단풍이
가을 풍경의 극치를 이룬다
봄의 벚꽃 향연이 제일인 줄 알았는데
단풍나무의 마중은 그 이상이다
십일월의 따사로운 햇살
가로 선 나무 아래
빨갛게 드러누운 단풍 아가씨들
살랑살랑 밀어주는 손길이 간지러워
사그락사그락 뒤척이지만
일광욕을 즐기기엔 최상이다
고운 가을을 렌즈에 담기 바쁘다
덧칠하지 않은 천연 그대로의
웅장한 고찰의 모습
유구한 역사의 유물에서
조상들의 얼이
현세에서도 내재하고 있다

선생님 얼굴

훤칠한 키에
알랭드롱의 싱끗한 미소를 닮은
생물교과 총각 선생님
글씨도 그림도 왼손잡이
까만 칠판에 하얀 백묵은
물결처럼 잔잔한 글씨를 거침없이 풀어냈다
달필이다

학생들
까르르 웃음소리는 교실을 뒤흔들었다
강의는 인기 폭발이다
열여덟의 청순한 가슴에
첫사랑으로 꽃물을 들였다
생물 수업의 학교생활은
기다림의 천국이었다

그러던 시월 어느 날
유리알처럼 투명한 하늘을 등지고
예고도 없이 선생님은 먼 이국으로

훌쩍 떠나셨다
우리들 첫사랑의 마음을 송두리째 흔들어 놓고
지금은 어느 곳에서
아름다운 고국의 하늘을 추억하고 계실까
시월의 하늘은 언제나 그리운 선생님 얼굴이다

2
사월의 면사포

오월의 화신

낮게 내려앉은 잿빛 하늘
오월 훈풍에 너울대는 아카시아 꽃은
즐겁기만 하다

삼바산 중허리를
온통 하얗게 둘러싸고 있는
아카시아 꽃

관객 없는 무빙의 무대 위에
춤추는 무희는 가끔 떨어지는 빗방울과
하모니를 이룬다

율동을 놓치지 않으려
산허리를 돌며 렌즈에 담기 바쁜 여인이여
흥에 도취되어 그대 영혼을 빼앗겼나

일탈한 영혼은
끝없는 희열에 잠겨
돌아올 줄 모른다

산이 좋아

나무가 우거진 산은
언제나 나를 반긴다
발을 들여놓는 순간
그림자조차 끌어안는 산
나도 몰래 큰 숨을 쉬며
심신을 맡긴다
우람한 나무들이 아버지 품 같다
큰 나무들 밑에
근심 없이 자라는 키 작은 풀꽃들
어머니 가슴처럼 풋풋하다
편안한 그네도 있고
운동기구도 군데군데 설치하여
건강도 챙기고
휴식하며 자연과 더불어
좋은 공간이 되어주는 산이다
산이 좋아 산으로 간 사람
오늘도 산으로 간다

내일의 꿈

라일락 향기가 흩어지는 계절
봄을 노래하던 목련은
자취도 없이 사라지고
온 산은 또 다른 얼굴로
신록을 예찬한다

수령을 자랑하는 키 큰 아카시아
하얀 이빨을 드러내고
청솔은 송화를 가득 담은 살진 돌기를
한껏 부풀리고 있다
세상은 이렇게 생명으로 약동하는데

세상이 왜 이래 절망하는 사람아
일렁이는 바람에
푸른 정열을 토해내는
숲을 보라
손짓하는 자연을 보라

내일을 위하여

숨을 한번 크게 쉬어보자
내일은
우리들의 꿈과 희망을 품고 있다

사월의 면사포
- 공주생태공원 저수지에서

푸른 숲에 둘러싸인 저수지
잔잔한 물결로 밀려오는 실루엣
손끝에 닿는 비단 옷자락이다

엷은 녹색의 울창한 나무들이
나르시스가 되어
물속으로 빠져 들었네
일렁이는 그림자
물속에 파노라마다

이랑에 흔들리는 고운 물빛
연두의 비단 옷자락을 건져 펼친
사월의 면사포를 쓰고 싶다

복숭아꽃에 홀리다

햇살이 퍼지는 아침
이슬 머금은 밭 언덕에
돌나물이 빼곡하다

이쪽 어디
복숭아나무가 있었는데
윤이 나는 사철나무 아래
발그레 미소 짓는 복숭아꽃

연둣빛 받침에 턱 괴인
다섯 잎 분홍 꽃
곱다 못해 요염하다

요괴를 부른다 하여
울 밖으로 밀려난 너
너의 고운 미소에
이 아침 나는 네게 홀렸다

사월을 보내며

베란다에
소담스럽게 꽃 핀 조팝나무
거실로 들여놓았다
향기가 진동을 한다
하얀 조팝나무
늘어진 가지마다
소복소복 매달린 꽃이 어사화라 부르고 싶다
어사 직책을 제수 받은 장원 급제생
머리 위에 얹힌 어사화다
탐관오리들을 축출하고
억울한 민생을 살피는
암행어사
우리 집 거실에
어사화가 뽐을 내고 있다
지금도 암행어사가 방방곡곡 다니면서
죄짓는 탐관오리들을
찾아내고 벌을 준다면
세상은 정의가 바로 설 텐데
이렇게 또 사월이 가고 있다

봄풍경

봄의 전령 매화가
가지마다 함박웃음 매달았다
곁에 서 있던 복숭아
볼이 붉어 터진다
관상용 줄지어선
암팡진 소나무
봄바람에
머리채를 흔들며
푸른 절개 주체를 못 한다
앞산에는 복사꽃 살구꽃
눈뜬 버들개지
봄산이 술렁인다
판자 울안에는
알을 품은 어미닭이
연신 소리를 지른다
꼬꼬댁 꼬꼬
봄이 좋아라 웃는 소린지
감격한 노랫소린지
나도 모르겠다

노스텔지아

철 이른 광암 모래사장
밀려오는 파도를 밟으며
봄의 길목에 선 상춘객들

해안을 따라 이어진 둘레길
바다를 지켜주는 분홍색 등대 앞에 섰다
"너의 오늘은 밤하늘 별보다 빛나"

이월의 차가운 바다
바다 가운데 진주를 쏟아놓은 듯
반짝이는 윤슬이 눈부시다

봄의 화신이 윤슬을 타고
살금살금 수줍게 걸어오누나
그 싱그러움에
온몸이 짜릿한 전율을 느낀다

끼룩끼룩 갈매기 울음소리
노스텔지아의 손수건을 나부끼며
남쪽의 먼 먼 고향을
머리에 이고 온다

따오기는 지금도 날고 있을까

초봄
창녕 우포늪을 찾았다
정류장에 들어서자
머리 위를 선회하며 반겨주는
고운 새
따옥따옥……
놀라운 감격이었다
이곳에서 따오기를 만날 줄이야
동요에서 수없이 불렀던 따오기
"보일 듯이 보일 듯이 보이지 않는
 따옥따옥 따옥소리 처량한 소리"
꿈에서도 불러보던
그리움의 상징 따오기
초등 시절 친구들과의 회포가
삽시간에 꽃무지개처럼 피어오른다
명승지 우포늪에서
철새들의 화려한 비상은 못 보았지만
추억으로 접혀있던 따오기와 꿈같은 만남
행운이었다
다시 그곳에 가고 싶다
따옥따옥 그의 울음을 또 듣고 싶다

단비

메말라 있던 대지에
단비가 내린다
빠알간 열매를 단 삼천나무

대롱대롱 은방울 무지개가 눈부시다
하늘만을 쳐다본 땅에
드디어 그냥 둠으로 화답한다
온종일 조용조용 찾아온 비님은
땅속에 숨어 있던 모든 생명을
일시에 끄집어낸다
몇 해 전 성전 뒤곁에 심은 진달래
고운 숨결 모은 채
물기만 머금고 있다
대지여, 이제
풋풋한 가슴으로
잉태한 모든 생명을
활짝 쏟아내라
세상은 온통
새 희망으로 부풀어 있다

시인의 대장간

거실 한켠에
지킴이로 서있던 조팝나무
아무도 몰래 다녀갔나
가지마다
연두의 입춘을 보송한 가시처럼 달고 있다
꽃 피는 봄에 만나자던 친구들
갇힌 몸이 그때까지 풀어지려니
약속했지만
아직도 봄은 멀리 있는데
불 꺼진 시의 대장간에
성급히 불을 당기려는가
묶여진 지체가 하루빨리
자유롭기를 염원해본다

연蓮

시리고 언 발을
진흙 속에 숨겨
인고의 시간을 보내더니

봄꽃 잔치 끝나고
후루룩 꽃비 내린 후에

활시위처럼
곱게 만 여린 잎을
뾰족이 내밀어
동그란 얼굴을 물 위에 띄웠구나

세상사 모든 오물을 받아 삼켜
속으로 삭이며 마음을 비우더니
마침내 순백의 고결한 자태로 승화시켰구나

스치던 바람이
그윽한 너의 향을 놓지 못해
맴돌고 있구나

생존의 아이러니

성당 오르막길
담벼락을 타고
담쟁이가 상기된 얼굴로
계단까지 기어오른다

뜨거운 햇볕과 가뭄에
오그라진 잎과 가녀린 순
뜨거운 바닥을 더듬느라
빨갛게 피멍이 들었다

아이러니하게도
울창한 숲속 담쟁이들
나무둥치를 오르는 푸른 잎들은
춤을 추며 시원한 여름을 만끽한다

생존을 위해
땡볕과 사투를 벌이는 가엾은 담쟁이
겨울이 가고 봄이 오면
어느 쪽이 더 행복할까

미니 라일락

이른 저녁
산책길
낯익은 향기가 나를 이끈다
어느 집 텃밭 앞
연둣빛 철망 사이로
옹종한 얼굴을 내밀고
수줍게 웃어주는 보랏빛 라일락
어머나 너희들,
고고한 향기를 이제야
온천지에 뿜어대다니
사월의 이름 라일락은
피고 진 지가 오랜데
자세히 다가가니
별처럼 작은 송아리들을
풍성하게 달고 있는 미니 라일락
울 한켠을 보랏빛으로 가득 채웠다
짙은 향기에 발목 잡혀
마음까지 묶였다

숲을 걸으며

사월이 남기고 간
한 자락의 여유
느린 걸음의 미학으로
발을 옮긴다
흔들리는 잎새
높은 가지 사이로
얼굴을 부비며
떨어지는 햇살
지나는 구름도
간간이 안부를 준다
짙은 연두로
숨을 토해내는 푸른 향기
이름 모를 새들의 지저귐
그 가운데 서있다
그대가 손짓하는
그들이 반겨주는
그 모두가 말을 걸어오는
또 다른 삶의 철학을 발견한다

떠나가는 봄

때 이른 봄비에 젖어
가지마다 봉긋봉긋
꿈을 매달았다
드디어 하늘을 향해 온몸을 열었다
구름인가 꽃인가
현기증이 날 만큼 눈부신 황홀함
너를 향한
벌들의 합창은 소식이 감감한데

불어오는 봄바람에
수줍어 상기된 너
연분홍 꽃비 되어
바닥으로 수없이 헤엄쳐 내린다
그렇게 속절없이 가려거든
오지나 말지
허허롭게 지는 꽃잎에
마음이 부서진다
또 한 해의 봄이 간다

사월과 오월

하얀 봉오리를
잎보다 먼저 피워 올린
사월의 전령 목련
그 화려함의 눈부심을
자취도 없이 거두어 가고
샛노란 웃음을 선사하던 민들레
풍선처럼 홀씨를 부풀려
여행을 떠날 채비를 한다
넝쿨 장미가 꽃망울을 소복이 달고
담장 밖을 기웃거리는데
성급한 녀석들 한두 송이
붉은 꽃잎을 함박웃음으로 터뜨렸다
오월의 향기 아카시아는
하얀 이빨을 반쯤 드러내고
지지 재재 새들의 정겨운 노래는
푸른 오월을 미리 예찬한다
가는 사월을 손짓하며
마지막 휴일을 즐기는 어린이들과 엄마들
이렇게 계절은 가고
또 오누나

벚꽃의 일생

초롱한 눈망울로
가지마다 솟아 올렸다
속삭이는 봄비를
사랑의 입김으로 받아
꽃가마 타고 왔다
눈부신 하얀 옷에 흐드러진 치장을 하고
화려한 관을 쓰고
꽃신 신고
세상에서 가장 행복한 신부가 되어 왔다
온 천지의 갈채를 받으며 좌정하였는데
봄바람의 꽃샘에 휘말려 버렸다
꿈꾸던 행복이 채 영글기도 전에
백설 같은 눈물을
수없이 쏟아냈다
어여쁜 자태는 간곳없고
출산한 여인의
붉고 엉성한 머리로 바뀌었다
아, 꿈은 사라지고
진즉에 나는 늙어 버렸구나

3
하얀 찔레꽃

입춘

산등성이 새벽놀 붉은 나래 펼치는데
산그늘에 내려앉은 초록별들
아직도 꿈속에 있네

봄은 땅을 집고 일어섰는데
겨울의 긴 그림자는
무거운 몸을 뒤척이고 있다

아침을 가르는 발걸음들
태동하는 생명에 귀 기울이며
조심조심 하루를 연다.

봄소식

볕이 화창하여 창문을 살짝 열었다
훈훈한 봄기운이 방 안을 가득 채운다

봄이다
겨우내 응달에 밀쳐 두었던
조팝나무에
파란 꽃망울이
잎보다 먼저 올라오고
미니 라일락도
보랏빛 꽃송이를 앙증맞게 매달고 있다

어느새 봄이 곁에 와 있었네
베란다의 얼어있던 돌나물도
줄기줄기 톱니 같은 움을 틔우고
메마른 미나리 옹가지에도
물을 가득 실어 놓았다

고양이 한 마리가
길게 기지개를 켜고
어디론가 사라진다
봄은
고양이 기지개로 시작되나 보다

분홍장미

올해도 어김없이 찾아주었구나
오월이다
건너 집 담장에 모여
환한 웃음으로 반겨주는 너
키를 발돋움하며
담 너머 세상을 내다본다
마주친 눈빛에
발그레 수줍은 미소가 흐른다
첫째 둘째 셋째
모두 한가족이다
탐스런 꽃잎을
겹겹이 쌓아 올린 네 모습은
근심걱정 모두 접고
언제나 행복하기를!
세상을 향해 기원하는
너희의 아름다운 기도인가

봄비 I

오랜 망설임 끝에
봄나들이 간 하루
천지가 경이롭다

나무 위 까치 떼는 이쪽저쪽으로
긴꼬리 하얀 깃 팔락이며
봄의 서사시를 읊어 대고

분홍빛 가슴 도도록 내민 진달래
수줍은 눈빛인데
산천은 생명을 태동하는 숨소리에
귀가 간지럽다

지킴으로 서 있는 푸른 대나무
일렁이는 바람결에 날개를 달아
휘파람으로 숨을 토해낸다

누굴까
침묵하며 말이 없던 강산에
소리없이 다가와 포근히 안아주고 간
3월의 봄비

봄비 II

비가 온다
이제 막 꽃을 피운 벚나무
풀죽어 있을까 봐
공원엘 갔다

사람의 그림자가 사라진
텅 빈 공원
초조한 발걸음과 달리
활짝 핀 미소로 맞아준 벚꽃

촉촉이 내린 비에
생기를 얻어
만개한 꽃들이
더욱 싱그럽다

술래잡기를 하듯
이 나무 저 가지로
날아다니는 새들의 지저귐에
공원은 활기로 가득 차 있다

가늘게 내리는 봄비가
또닥 또닥
우산에 소곤대는 리듬이
한결 정겹다

외톨이

잠자던 바람이 들로 나갔다
봄이 먼저 와서 축제를 벌이고 있었다
언덕에 진달래 늘어진 개나리 하며
쑥 냉이 달래
공중의 새들도 장단을 맞춘다

하얀 나비넥타이에
윤기 자르르 흐르는
까만 연미복을 걸친 까치가
신나게 지휘를 하고

색동옷 곱게 단장한 봄이
여기저기를 누비며
귓속말로 속삭여 준다
봄이 왔노라고
바람이 공연히 심술이 났다
세찬 입김으로 삽시간에
들판을 휘저어 놓았다

봄이 토라져 외면을 했다

꽃들은 금방 입을 다물고
풀이며 들나물도 고개를 떨군다
까치도 새들도 모두 날아가 버렸다

바람은 다시 외톨이가 되었다

자목련

솔잎에 봄빛이 도는가 싶더니
누가 불러냈는지
노란 별꽃으로
가지마다 등을 켠 산수유

복사꽃 살구꽃 피었다는
남녘 소식을 듣지 못하였나
고집스레 입다물고 있던 목련이
뾰족이 붉은 입을 열었다

밤사이 몸을 반쯤 내밀더니
어느새 화려한 무희로 변신하였다
바람이 일렁일 때마다
현란한 무희들의 춤사위

보라색 겉옷자락에
하얀 속옷 번갈아 나부끼며
온몸으로 읊어 대는
새봄 이야기

가슴 설렌 벚나무들
터질 듯한 가슴을 안고
어쩔 줄 몰라
얼굴이 붉어졌네

꽃잔치

벚꽃 필 무렵이면
별들의 잔치가 시작된다
안부를 모르는 친지 벗들에게
어떻게 소식을 전할까

남풍을 빌어서
초대장을 띄울까
봄비 자락에 실어서
엽서를 전할까

잔치는 이른 아침부터
해 질 녘까지
몇 날 며칠을 두고
흥겹게 이어진다

웅웅거리는 합창은
분홍빛 미소로
마을에서 들로 산으로
물안개처럼 번져 나간다

엄마품 같은
오지랖 넓은 벚나무
가지마다 함박웃음 피우며
사람들 마음엔
화사한 꽃물을 들인다

텃밭

앞집 할머니가
손바닥만 한 텃밭을 주셨다.
상추와 쑥갓 씨를 뿌렸다
상추가 갸름한 두 잎으로 얼굴을 내밀었다
쑥갓도 나풀나풀 춤추듯 솟아났다
매일 물을 주니 잎들은 새단장을 하고
비좁아 숨막혀요 날 좀 뽑아주오 한다
뿌리째 뽑아서
된장찌개 한술 넣어 비벼먹는 맛이 일품이다
제법 자란 상추밭 사이사이에 고추도 심었다
알싸한 세 포기 땡초 두 포기
하나씩 달린 고추가 제법 크다
처음 열린 고추는 따 줘야 한다는데
언제 따야 할지
초딩이 농부는 때를 모른다
집에서 백 미터쯤 되는 모퉁이 돌면 텃밭
외출했다가 일부러 둘러보고 잔풀도 뽑아주고
새벽미사 갔다 오면서 방긋 웃음으로 눈 맞추고
때론 산책길 늦은 시간에도 먼빛으로나마
시선을 꽂고 와야 직성이 풀린다.
마음이 가는 곳에 몸도 따라간다는 말씀 꼭 맞다

개나리꽃 한 가지

시들하던 개나리꽃
화병에 꽂으니
싱싱한 얼굴로 살아났다
소복소복 노란 꽃술
자세히 보기가 처음이다
언덕 위에 길게 드리워져
불어오는 실바람에
일렁일렁 일렁이던
화려한 노란 꽃물결
이렇게 쌍으로 소복소복 피었었구나
이모, 하고 건네준 한 가지
노란 꽃잎마다
그 아이의 마음이 담겨 있다
홀로서기 힘들어하는 조카 아이
꽃가지에 담겨 있는 희·로·애·락이
그의 긴 인생살이가 뭉쳐있는 것 같다

호랑나비 한 마리

해님이 잠이 덜 깬 이른 아침
빨간 분꽃이
밭둑에 무리지어 피어있다
앞질러 날아온 손님
검은 도포자락에 황금 수를 놓은
호랑나비 한 마리
향기에 취해
황홀경에 빠진 호랑나비
꽃들과 함께 춤을 춘다
갑자기 떨어지는 빗방울에
온몸이 떨려 비틀거린다
꽃들이 눈물을 머금으며
애간장을 태운다

맨발걷기

수업을 마치고 문우들과
고성산 둘레길을 찾았다
비 그친 오후 나무가 우거진 산
안개에 싸여 침묵하고 있다
하얀 모래를 깔아놓은 둘레길
사각사각 들리는 발소리가 신선하다
가다가 신발 벗고 맨발걷기를 하였다
양 길 옆에 반겨주는 이름 모를 풀꽃들
노란 금계화와
철 이른 코스모스도 손짓을 한다
좁은 도랑 맑은 물에
찰방찰방 발 담그는 재미
길게 허리 굽은 소나무
굽은 소나무가 선산을 지키고 있는 중이다
오늘의 이 좋은 시간을 행운으로 얻은 날
이렇게 자유로운 시간을 갖는다는 게
참 좋다

하얀 찔레꽃

시골길 밭둑에
무리지어 핀
찔레꽃

하얀 무명옷 입고
머리엔 무명수건 두르고
여기저기 땔감 주워 머리에 이고

우리 엄마 배고프면 따 먹던
찔레
여린 순 푸른 수액에 허기를 달랬지

별 뜨는 밤에도 너는 혼자 피어 있겠지
네 하얀 얼굴엔
엄마 엄마 부르던
배고픈 시절이 어른거린다

이름도 모르고

비가 그치고
해가 잠시 얼굴을 비친 오후
숲을 찾았다
물기 걷힌 잔디 위에
참새들이 깡총거린다
순간포착
기이한 새 한 마리 발견
매끈한 등에 하얀 물결무늬
가만,
머리에는 붉은 뿔이 돋아있다
다가가는 발걸음에
반대 방향으로 날아갔다
다시 오려나
몇 번이나 숲을 돌아도
녀석의 모습은 보이지 않는다
무슨 새일까 이름이 뭘까
날갯짓하며 세상구경 나왔다가
놀라 숨었나
아쉬운 마음에
어제도 오늘도 숲을 향한다

자두 한 알

황금시장은 오일장이 성황이다
더운 날씨에 고객보다 상인이 더 많다
집에 돌아와 수업가방을 비우니
먹음직한 살구 한 알
거무티티한 자두도 한 알 굴러 나왔다
옆짝 선생님이 덤으로 준 것이다
조 시인님이 수업시간에 공수해온
주먹만 한 떡살구
달짝지근하면서 부드럽게 입에 착 달라붙어
한참에 다섯 개를 다 먹어버린 살구
시장구경 목마른 참에
살구를 보자마자 냉큼 또 먹었다
남은 자두 한 알
망설이다가 한입 베어 물었다
우와, 깜놀
상큼하고 달콤하고
입안 가득 퍼지는 새콤한 향이
몸과 마음에 산뜻한 전율을 일으킨다
이렇게 맛있는 자두를 홀대하다니

땀 흘려 지은 과일농사
고맙고 미안하도록
잘 먹었습니다

그네

빨랫줄에 새로 걸린 옷들이
신나게 그네를 탄다
자주색 침대커버
드레스처럼 여러 갈래로 나부끼고
알록달록 베갯잇도 신이 났다
알몸으로 드러난 침대를 산뜻이 덮어줄
삼베 홑이불
풀물을 잔뜩 머금은 시트가
바람과 짝꿍 되어 힘차게 그네를 탄다
상큼한 풀냄새 날리며
하늘까지 닿을 듯 높이 난다
지나던 참새 깜짝 놀라
멈칫하다 날아간다
느릿느릿 가던 석양이
이 모습을 보고 빙긋 웃는다

만종

우뚝우뚝 서 있는 나무 사이로
긴 그림자를 이끌고 뻗어오는
눈부신 해무리

수많은 걸음들이 헤집어 놓은 공기가
아무는 시간
공원은 그들의 비밀스런 공간으로 돌아온다

낙조를 머금고 더욱 반짝이는 나뭇잎들
수런수런 쏟아내는 속삭임
빈 하늘을 가르며 나는 비둘기의 은빛날개

등짝에 부대끼며 매달린 짐이
쉼을 위하여 돌아가는 행복의 귀향길
아카시아 흰꽃은 남은 향기를 그의 등에 실어 보낸다

녹야유치원 주변은 오색등이 줄지어 돋아나고
긴 등이 여기저기 모습을 드러내면
어두움은 조용히 내려앉는다

들마루

들마루에 누워 밤하늘을 본다
아버지가 피워 놓으신 두엄 위의 모깃불
매케한 풀냄새와 건초 연기가
넓은 마당을 맴돈다
아버지는 들어가시고
밤이 되면 들마루는
세 여인의 요새가 된다
열여덟 새언니
열여섯 작은언니
여섯 살 꼬마 아가씨
별똥별이 흐르는 밤하늘을 보며
별자리를 점쳐 본다
북두칠성이 머리 위에 오면
가을 추수 때가 되고
견우와 직녀가 만나는 은하의 강은
어디쯤에 머물러 있나
저 별은 언니 별
저 별은 내 별
보였다 안 보였다 하는 별은 엄마별일까
들마루는 세상에서 가장 편안한 엄마 품이다

세 여인의 행복한 여름밤은
깊어만 간다

4
여길까 저길까

복분자

복분자를 선물 받았다.
검붉게 잘 익어 만지면 뭉그러지는
달콤한 향이 코끝에 달린다.

복분자로 발효식초를 담기로 했다.
설탕, 이스트 비율대로 정성스레 혼합하여
단지에 담고 하얀 면보를 씌워 렌지 옆에 두었다.

하루 지나 반가운 초파리가 쌍으로 왔다.
이삼 일이 지나니 면보 위에
앙증맞은 초파리가 떼로 앉아 있다.

삼 일 후부터 하루 두세 번씩 나무저로 열심히 저었다.
그런데 여섯 밤 자고 나니 초파리가 한 마리도 안 보였다.
어, 왜지? 잘못된 건가?

레시피를 다시 열어 보았다.
아뿔싸, 이삼 일에 한 번씩 흔들어 주라는데
거꾸로 실행했으니

이럴 줄 알았으면
먹고 싶던 복분자나 실컷 먹어 볼걸

초승달

어두움이 내려앉은 공원길
산들바람이
솔향을 가득히 실어 온다

검푸른 밤하늘
남산루 추녀 끝에
어여쁜 초승달이 걸려 있다

오, 고고한 자태여
접어둔 그리움이
눈속에 어린다

한참을 걷다 돌아보니
높다란 가지에 걸려
오도 가도 못하는 너

너를 향한
이 안쓰러움을 어쩌랴
애잔한 그리움에 가슴이 아리다

여길까 저길까

삼바산 돌담 푸른 이끼가
벨벳처럼 윤이 흐른다
언덕을 오르니
해묵은 대나무만 무성하고
싱싱하게 뻗은 아카시아는 활개를 친다

둘레길 쉼터
여길까 저길까
여섯 살 딸아이가
철부지 언니와 갓 시집온 새댁이
양지바른 툇마루에 앉아
봄 배추로 쌈을 싸서 먹던 그 집

옹기종기 모여 살던 산동네
정겨운 모습은 다 어디로 갔나
고즈넉한 둘레길 양쪽엔 잡초만 무성하고
팔각정 앞에는 시소 두 대가 외롭다
하릴없이
스프링 말 위에 앉아 굴려본다

멀리 고속도로엔 무엇이 그리 바쁜지
차들은 쉴 새 없이 오가고
시간은 그쪽에서만 바삐 흘러가는가
여기 멈추어진 시간 속에
세월을 겹겹이 두른 여인이
어린 시절을 회상하며 상념에 젖어있다

빗속의 세레나데

멈추었던 장맛비가 다시 찾아왔다
세찬 장대비가 쏟아진다는 예보에
서둘러 외출을 하였다
비는 조용히 왔다
작은 우산에 속삭이는 빗소리를 벗하여 길을 걸었다
K 어르신 L 어르신
이웃으로 담을 맞대고 집을 지었다
주민들을 위해 포장도로를 내면서
금라길이라 호칭되었다
고택을 지나면서 두 분을 떠올려 본다
형제처럼 정다운 삶이었겠지. 세상을 떠난 지 오래다
높은 담벼락에 푸른 향나무를 기둥 삼아
능소화가 환한 웃음을 짓는다
남산 경로당 마당
붉고 탐스런 꽃을 가득 피운 배롱나무, 사진 한 컷
다시 걷는 길에 '독일 피아노집'이란 글자가 눈에 들어온다
예술가 타이틀에 걸맞게 특이한 개성으로 지은 이층집
미용실이란 둥근 기둥이 쉴 새 없이 돌아가는 집
커다란 둥근 화분에
노란 꽃술을 물고 활활 타오르는 부겐베리

너털웃음을 웃어주는 화려한 몸짓을 본다
넓은 마당을 주차 공간으로 비워두고
울을 친 담사이로 빨간 미니 장미들이
송이송이 미소를 지으며 지나는 길손을 손짓한다
사이사이에 섞여 주먹만 한 황금 장미가
화려한 자태로 향기를 발산하는 듯
가까이 가서 코를 대며 향을 맡아본다
팔에 부딪치는 빗방울이 간간이 불어주는 바람으로
더욱 상쾌하다
오르막길엔 연보랏빛 꽃을 함초롬 적신 채
비비추의 푸른 잎은 너울거리고
작은 향나무 밑 눈이 마주친 고양이가 숨는다
푸른 풀밭 사이로 포록포록 날아가는 참새 두 마리
걸어도 걸어도 새로운 빗속의 풍경에 신비의 세계를 본다
허스키한 목소리로 또닥여 주는 그대
그대가 함께하였음에 나는 행복하였네
빗속에 걷는 길이 마냥 즐거웠네

사색의 계절

돌을 던지면
첨벙 소리를 내며
사방으로 파문이 일 것 같은
깊어진 하늘

가을을 머금은 하늘은
눈부신 에메랄드빛이다

벤치에 앉아 사색에 잠긴 여인
가을빛에 물들어
외로움을 더하는데

나뭇잎 하나
그녀의 어깨 위에
조용히 내려앉는다

장마 속 달님

세차게 내리던 비가 그쳤다
자정이 가까운 이 시간
하늘 중천에
놀랍게도 저렇게 어여쁜 달님이 떴을까
폭포처럼 쏟아지던 빗물에
힘든 유영을 한듯
조금은 초췌한 야윈 모습이
안쓰럽구나
검은 구름에 뒤덮여
날마다 울상을 짓던 하늘이
저토록 청명한 얼굴을 내보이다니
감탄이 멎기도 전에
다시 구름바다에 빠져 버린 너
멈춤도 없이
가던 길을 바쁘게 가고 있구나
술래잡기라도 하듯
요리조리 미끄러지듯 헤쳐 나갔지만
안타깝게도 검은 구름의 술래가 되어
그만 네 모습을 잃어버리는구나

비둘기 울음소리

열대야의 더운 기운이
새벽 공기에 흩어진다
상큼한 바람이 살갗을 간지럽힌다
엊그제 말복을 새기고
계절은 서서히 가을을 입으려나
하늘 아래 숨 쉬는 모든 생명이
열돔에 갇혀 허덕이던
뜨거운 여름이
걸음의 각도를 옮기나 보다
새벽마다 목 타게 울던
비둘기 울음소리가
이 아침
생기 있는 노래로 들리는 이유다
구구구구…

장맛비

세찬 장맛비가
한 발 물러나 숨을 고른다
녹색의 휘장을 병풍처럼
에워싼 산그늘
눈망울이 싱그럽다
구름 뒤에 숨어 있던 해가
뜨거운 얼굴을 드러냈다
거리로 나온 사람들
쏟아지는 햇빛에 당황하여
그늘로 몸을 피한다
매연과 미세먼지를 한꺼번에 몰아간
고마운 장맛비
이렇게 상쾌한 공기라니!
먼데 뻐꾸기 우는 소리
오늘따라 더욱 정겹다

풍경

분칠한 듯 횐한 시골 마당에
얼굴 없는 아가씨들 그네를 탄다
하나, 둘, 셋, 넷, 다섯, 여섯, 일곱
긴 빨랫줄에
색색의 수건들
바람이 지날 때마다
몸을 연신 비틀며
춤을 춘다
까르르 웃는 청명한 웃음소리
문밖엔
푸른 이랑이 녹색의 물결을 이루고
하얀 마당에는
해맑은 하늘이 내려와
놀고 있다

눈부신 해님

쨍쨍한 하늘에
숨이 멎을 듯한 목마름
영산홍 새순들이 갈색으로 타들어간다

언제 비가 오려나
가뭄의 연속이다
저수지도 바닥을 드러낸다

참다못한 먹구름이 곳곳에서 몰려와
며칠 동안
비를 흠뻑 쏟아 주었다

굵은 소나기와 새찬 빗줄기로
갓 목욕을 한 해님이
눈부신 모습을 하고 나타났다

며칠 만에 본 해님이 저리도 고울 줄이야
떨어지는 햇살이 투명한 보석가루 되어
땅 위에 바스라진다

나도 성질났다

볕이 쨍쨍하다
카펫과 방석 속 세 개를
빨래 건조대 위에 올려놓았다
두어 시간 지나
현관문을 열었더니
앞집 문 앞에 물이 고여 있다
물청소?
밖에 나가니 세상에나,
깜짝 새에 도둑처럼 비를 쏟아 놓고 갔다
하늘을 쳐다보니
파란 하늘이 말끄러미 내려다보면서
언제 그랬냐는 듯 시치미를 뗀다
하얀 솜구름만 여기저기 띄우면서
보송보송 습기를 날리고픈 별스러움에
심술이 나서
볕 닿은 쪽만 빗물을 쏟아부어
짓주물러 놓았다
너무 황당해서 그대로 밀쳐 버렸다
너만 심술 있니?
나도 성질났다!

천둥소리

잿빛 하늘에서
요란스럽게 우는 천둥소리
우르릉 쾅 벼락치는 소리
비가 쏟아지려나 보다
창을 급히 내렸다

장맛비가 그치기 바쁘게
쨍쨍한 햇볕이
온 세상을 삼킬 듯 이글거리더니
며칠 사이 초목들이 잔뜩 목말라
온몸을 오그라뜨리고 있다

시원한 소나기가 한바탕
쏟아지길 기대했는데
온통 요란을 떨던 하늘에
기다리는 빗줄기는 간데없고
빗방울 몇 개 흘리다 만다

소문난 잔치
먹을 것 없다더니
옛 어른들의 말씀이
명언이다

피서

하얀 밥덩이
폴폴 삶아 만든
밥풀

자루에 담아
문지르면
뽀얀 밥물이 찰방찰방

서걱서걱 풀 먹인
꽃무늬 패드 깔고
깔깔한 삼베 홑이불 덮은 듯 덮지 않은 듯

상큼한 풀냄새
살갗이 청량하다
납량특집이라 했나

우리 침실에는
조상님의 지혜가
한여름밤 피서를 마련하신다

코로나 팬데믹

반팔을 입어도
긴팔을 입어도
춥지도 덥지도 않은 계절
저만치 높아진 하늘에
햇빛은 청명하고
구름은 햇솜처럼 피어오르는데
이 가을의 전주는 폰에서 먼저 울리는가
「고엽」의 음률과 함께
바뀌는 화면은
낭만 가득한 가을을 연출하는데

묶이지 않은 내 영혼은
지금쯤 어디를 가고 있을까
자유로운 나래를 펼치며
어느 하늘가를 배회하고 있는가
아니면 행복의 여신을 만나
밀어를 속삭이고 있는가
사랑하는 사람들을 떠올리면
그리움에 가슴 시린 이들
갈 수 없어 미안하고
전할 수 없어 애가 탄다

장마

모처럼 집을 나섰다
구름을 몰고 간 바람이
살갗에 부드럽다

벽돌담 사이로 얼굴을 내민
보랏빛 도라지꽃이
상큼한 웃음을 날리고

비에 젖은 배롱꽃은
고개를 가누지 못해
수줍은 양 시선을 떨구고 있다

오랜만에 나들이 나온 나비 한 마리
어디에 앉을까 망설이다
그냥 날아가 버린다

나무 밑엔 빛깔 난 복숭아가
깨진 상처를 안고
나뒹굴고 있다

교회 건물에 매달린
태극 깃발은
시원한 바람에 마음껏 펄럭인다

머리 위에
맴돌던 먹구름이
후두둑 또다시 비를 뿌린다

슈퍼문의 변신

누군가 지나면서
오늘은 달이 왜 안 뜨지

달이 검은산 등성이에서
홍조를 띠고 서서히 오른다
슈퍼문이다

어제는 중추절
떠오르는 너를 안으며
얼굴 가득 채운
겨레의 소망과 축복에
아직도 너는 상기되어 있나

밤하늘 중천에 솟아 있던 너는
검푸른 하늘 바다에 빠져
별을 손짓하며
스치는 구름을 벗하여
넓은 밤 바다를 끝없이 유영하던 너

그 신비로운 몸짓은

어디다 흘리고

오늘 밤은 수줍은 새악시가 되어
발그레한 미소를 지으며
산기슭을 오르는가

가려나

너는 벌써 떠남을 품고 있었나 보다
입추가 지나기 무섭게
너의 입김이 식어진 걸 보니

너는 언제나 싱싱한 꿈이었고
싱그러운 향기였음을
여름아
너는 아니

뜨거운 태양이 땅 위에
열기를 지피는 칠월이 오면
푸른 파도 넘실대는 바다를 향해
사정없이 질주하던 우리

언제나 너는 나의 바다였고
깊은 산속 계곡이었다
한적한 시골길 버드나무 꼭대기에서
신나게 울음 우는 매미소리였다

그런 너가 식지도 덜한

뜨거운 옷자락을 주섬주섬 거두어
떠나려느냐
좋아한다는 속삭임은 아직도 못하였는데

여름의 끝자락

이슬처럼 비가 내린다
징검다리 에워싼 잔디들이
초록 웃음을 짓는다

돌계단 둘레에
작은 나비가 대공에 쪼르르 앉은 듯
가냘픈 꽃들이 손짓을 한다
하얀나비 핑크나비 하늘하늘 춤추듯

보랏빛 맥문동은
열매를 모두 떨구고
모과는 푸른 몸뚱이로
탐스러움을 과시한다

아직은 청춘이라 뽐내는 느티나무
한 가지를 내밀어
붉고 노란 단풍을 열매인 양 매달고
나도 있다 자랑한다

조곤조곤 내리는 비는
지난 시간의 애환을
몸짓으로 풀어낸다

5
백의의 천사

백합꽃

별조차 숨어버린 그믐밤
둥글게 다듬어진 조경수들이
그림자처럼 침묵하는 정원
하얀 백합이 성모자상 앞에
공손히 열병하고 있다
상단에 예닐곱 송이 하단에 열두어 송이
둘레에 몇 송이씩
환한 모습은 볼 수 없지만
아기는 두 손을 활짝 펴서 웃고 있으며
어머닌 영원의 미소를 머금고 계신다
깜깜한 밤에 피워 올리는 하얀 기도
절절함을 분향 같이 피워올리는 향기
애타도록 갈구하는 당신의 눈길을
한번쯤 돌아봐 주실까
애원하는 기도인가

새벽 산책

오늘 아침은 새벽미사가 없는 날인데
부지런한 사람은 이때를 알아본다
시원한 새벽공기에 떠밀려
발길을 공원으로 돌렸다
부지런히 나온 마리아와
더불어 산책길
하루의 일상에서 또 다른 기쁨이다
공터의 담에는 빨갛게 줄지어 핀 나팔꽃
오랜만에 불어주는 기상나팔 소리
공원에는 사람들이 많았다
더위를 피해 모여든 운동객들
언덕엔 핑크빛 메꽃이 함박 미소를 지으며
행복한 나팔을 불어준다
풀밭 하나 가득 군락을 이루었다
키 큰 달맞이꽃 노랑색을 자랑하며 우쭐거리고
전봇대에 기대어 외줄타기를 하는 붉은 능소화
하늘을 향하여 끝도 없이 오르리라
오기를 자랑한다
새벽공기가
마냥 신선하다

기도

임은 새벽놀에 날개 달아
또 다른 하루를 역사하시는데

하늘가 그리움에 사슴처럼 목이 길어
고독한 영혼이여

먼 고향 향한 발걸음
얽히고설킨 걸림돌에 지친 여정에서

임의 모습 잡으려
허공을 향해 허우적거릴 때

나 여기 있다
내미시는 임의 손길

옮기는 발자욱 자욱마다
슬기를 내림받아
분향하는 향기 되게 하소서

개나리

성당길
돌담 언덕에
개나리가 활짝 피었다

늘어진 가지에
노오란 별꽃이
쉼 없이 땅으로 흘러내린다

그러나 입에 따다 물고
봄나들이 갈 병아리 떼는
사라진 지 오래다

쳐다보고 또 쳐다봐도
그 황홀함을
멈출 수 없어

지나가는 행인이
그 목가적인 풍경을
눈조리개로 삽입하여
가슴에 담는다.

백의의 천사

42병동
433호 다인실
혼미한 상태에서 얼마나 흘렀을까
살며시 더듬는 손길에 눈이 뜨였다
괜찮아요
네
링거의 주사기를 바꾸며
잡아주는 따뜻한 손길
침대 위 야등을 조용히 끄고 나가는 하얀 제복

환우들의 신음소리도 잦아들고
모두가 잠든 깊은 밤
한 사람 한 사람 어루만지며
숨소리조차 놓칠세라 생명줄을 지키는 파수꾼
조용히 커튼을 밀며 사라지는 뒷모습에
가슴 뭉클한 거룩함을 느낀다
싸늘한 십일월의 창밖에
병실을 지키는 가로등 하나
그도 천사인가

엠마오 가는 길

주간 첫날
사천에 있는
자연 휴양림을 찾았다

울창한 편백나무 숲
싱그러운 기운이
온몸을 감싼다

아~ 여기 계셨군요
당신의 고귀한 목숨과 맞바꾸신
그 사랑

흙으로 빚어 당신의 숨결이 떠나면
쓰러져버릴 하찮은 인간을
어찌하여 그토록 사랑하셨는지

숲을 가득 채운 향기에
심신이 녹아드는 평화로움
낙원의 안식이
여기에 머물러 있음이니다

메멘토 모리

청명한 하늘이다
금빛을 입은 잔디 위에
회색을 띤 천여 개의 의자가 있다
행렬을 지어 있다
돌아가신 영혼을 기리는 위령미사
넓은 산허리를 가득 메운 수천 기의 무덤
묘비명엔 하나같이
평안한 쉼을 기원한다
절대자에 지음 받아 세상에 왔다가
소명을 다하고
그분의 부르심에 회귀한 영령들
커다란 봉에 푸른 띠를 가슴에 덮고
읍소하고 있다
흙과 융화되어 자연으로 돌아가고저
허허로운 마음으로 산을 내려오는 귓전에
누군가가 가느다랗게 속삭인다
Memento mori(죽음을 기억하라)
행복한 날에도
불행한 날에도
죽음을 기억하라

Remember you must die
당신도 언젠가는 죽는다는 것을 기억하라

붉은 오로라

저녁미사를 마치고
성당을 나서는데
하늘 좀 보세요!
누군가 탄성을 지른다
서쪽 하늘이 붉은 빛으로 장관을 이루었다
살아있는 물체가
붉은 날개로 허공을 가르며
헤엄쳐 오르는 듯
겨울왕국 북극의 오로라 향연이
재현된 듯하다
노을 위층에는
검회색 구름이
목이 긴 두루미와 마주한 둥근 등허리 타조
뒤쪽엔 종종거리며 따르는 새끼들
화가가 봤다면
걸작품을 낳을 텐데
나는 화가가 아니기에
지구와 태양의 합작품
이 경이로운 향연을
시로 쓴다

하느님과 인간

황금 들녘이다
버스는 인천 답동 성모성지를 향하고 있다
평택을 지나
끝도 없이 이어지는 경기평야
들녘엔
벼를 벤 곳도
아직도 익은 벼가 선 채로 있는 곳도
황금물결을 이루고 있다
하느님은 저렇게 우리 인간을
눈물겹도록 사랑하시고 보살피시는데
아이러니하게도
차내 TV 화면에는
하마스와 이스라엘이 서로 공격하여
이천 명이다 삼천 명이다 다투어
생명을 살상하는 참상을 벌이고 있다
인간들은 끝없는 야욕을 불태우며
만행을 저지르고 있어
죄 없는 국민들은 아비규환으로
눈뜨고 볼 수 없는 처참한 상황이다
어찌하오리까
멸망으로 치닫는 인간들의 끝없는 탐욕을

친구

바람이 온종일 울고 다닌다
초록으로 물든 풀이며 나무들을
이리저리 후려치고 다녀도
성이 차지 않는다

높은 가지에도 매달려 보고
바위 위에 걸터앉아 보아도
유리창을 할퀴고 대문짝을 흔들어봐도
돌아오는 것은 상처뿐

위로해 줄 이 없는
외로움에
윙윙거리는 울음은
서러움만 더한다

구름에나 하소연을 할까
하늘로 높이 솟아봐도
땅으로 곤두박질쳐 내려앉아도
그의 모습은 없다

사납게 밀치며 투정을 부려도
말없이 다가와 친구 해주던 구름
텅 빈 하늘엔 구름의 모습을 찾을 수 없다
그 다정했던 구름이
소중한 친구였음을 이제사 알았다

혼불

전설의 주문을 외우듯
반짝이는 수많은 촛불들
스스로를 낮춘 작은 몸짓에
애원을 담은 흐느낌

한 사람 한 사람의 염원을 승화시켜
내 아버지의 얼굴을 맞대며
애끓는 하소로 상소하는 기도

인간을 너무나도 사랑하신 나머지
당신의 분신을 지키고자
수호천사로 명명하신 그 사랑

소명을 담아 자기를 태우며
낮은 자세로 낮은 자세로
이 아침도 숨죽이며 사위어가는 혼불이여

해바라기 축제

수천수만 송이
해님처럼 환한 미소로
샛노란 물결을 이루는
태백의 해바라기 축제

지하 석탄광에서
서민과 나라를 지켜주었던 연탄
지구 온난화의 주범으로
자연 도태의 폐광이 되었다

그러나 태백은 다시 일어섰다
모든 이의 사랑받는 관광명소로
영월 동강 수원지를 밟으며
숲과 바람과 구름

형형색색 산객들의 움직임은
한 폭의 수채화다
소박하면서도 화려한 식탁은
허기진 객들의 성찬이다

오늘도 자연과 함께한
힐링의 하루였다

유빈 엄마

유빈네가 이사를 갔다
사 년을 기약하고 갔다
하지만 기약할 수 있을까
그곳이 좋으면 영영 안 올지도
맞은편 앞집
손 닿을 만큼의 거리
베란다 창을 열고 부르면 대답하고
마주 보며 손짓하던 거리

정담을 나누는 산책길엔
못다 한 얘기들
십 년 세월을 그렇게 보내면서
속마음을 다 드러내고
박장대소하며 울며 웃으며
어려운 마음의 무게도 쉽게 나누던 사람
혼자서 걷는 길이 목이 메인다

이제 가을이 오고 겨울이 올 테지
흰눈이 내려도 그는 오지 않으리라
남기고 간 베란다 꽃들이

바람결에 애처롭다
사 년 후엔 꼭 돌아오라고
대답 없는 빈말을 허공에 실어 보낸다

천재 악동

지는 해 꼬리가
떨어지지 않은 서녘 하늘
뭉게구름 가발을 쓴 잿빛 곰이
벌러덩 나자빠져 있다.
긴 꼬리와 다리가 흐물거린다

하늘 중간에는 뜯어먹다 버린
물고기, 납작한 등가시에
머리와 꼬리만 달고 있다

하늘 스케치는 누구의 솜씨일까

하늘님의 거룩한 모습을 그리는가 하면
머리를 풀어헤친
험상궂은 악마의 얼굴도 연출한다

때로는 시리도록 눈부신 쪽빛 하늘
구름꽃 몇 조각 점점이 띄워놓고
잔잔한 운율로 마음을 훔쳐가기도 하는.

시시각각 만능을 뽐내는 스케치

천재 악동 화가가
하늘에는 숨어 있나 보다

잊으며 가자

비가 오면 창을 연다
또닥또닥
건너편 지붕에 떨어지는 빗소리
정겨운 리듬이
숨겨진 그리움을 헤집어 낸다
아담한 초가 동네
사립문 울 밑에 작은 소녀가
꽃을 심고 꽃밭을 다독인다
아버지는 옷 젖는다 나무라지만
소녀는 아랑곳없다
바가지를 뒤집어 쓰고 쫓아온
옆집 영이, 찢어진 우산 사이 얼굴이 하얀 율이
저의 집, 우리 집
누가 누가 많이 심었나 몰려 다니며
함박웃음 날리던 초등 시절
떨어지는 빗방울이
조각조각 흩어진 그리움을
세월의 언저리로 언저리로 파문을 지운다
문득 류시화의 시구가 떠오른다
"누구든 떠나갈 때는 잊을 수 없는 것들을 잊으며 가자"
오늘도 그 다짐 못 채우는 마음이어라

닉네임

백숙을 먹으려고
냉장고 문을 열었다
파가 어디 있나?
역시!

어저께 밭에서
갓 뽑아온 파가
타파통에 키 재기를 하며
가지런히 모여섰다

아~ 고마워욤
송송 썰어서
깻가루와 함께
맛있게 뿌려 먹을게요

울 신랑 최고
당신은 멋쟁이

하지만 때로는
영감쟁이도 된다

너만 가지

마음이 짠하다
수십 년의 세월을 엮으면서
깊은 맛이 든 묵은지처럼
정이 밴 단발머리 여중 동기생들
오늘 그 친구들과 결별을 고했다
나이가 뭔지
세월이 뭔지
팬데믹으로 만남을 접었던 삼 년여
늘 그 자리에 있으려니 했던
믿음은 착각이었다
세월이 우리를 그냥 두지 않았다
뇌세포를 갉아먹었는가
기억을 씹어 버렸는가
혼미해진 정신에 살뜰히 배려하던 미소도
아름답게 돋보이려던 자존감도
몸과 마음을 과시하던 건강도
미적 감각도 벗어 버렸다
철 따라 자연을 예찬하던
그 고운 감성은 어디다 흘렸는가

이제는 우리 서로 이별을 할 때라
자각했을 때
세월아, 너만 가지
우리들조차 한데 묶어 데려가려느냐

나 그대가 되어

내가 그대였던가
그대가 나였던가
햇빛은 현란하고
바람은 상쾌하며
나뭇잎은 싱그럽다
태초의 낙원이
이러하였던가
출렁이는 오월의 바람에
새처럼 구름처럼
일찍이 나 그대에게
동화된 적이 한 번이나 있었던가
이제사 그대의 숨결 안에 녹아
그대는 내가 되고
나는 소박한 자연이 되려네

6
응골의 소확행

십일월의 풍경

쉼 없이 떨어지는 은행잎
노랑나비가 바람에 춤을 추듯
나무 사이를 어지럽게 맴돈다
길을 가는 행인들은 하나같이
몸을 웅크리고 동동걸음을 한다
날이 저문 하늘은
금방이라도 눈을 뿌리고파 울상이다
입동을 한참이나 지난
초겨울
간밤엔 하얀 첫눈이
차량을 살짝 덮어주고 갔다
내일도 눈이 내리려나
하늘을 쳐다보는 길손의 마음은
하얀 눈을 반기는 정서가
사라진 지 오래다
이젠 눈이 내리면
가족과 모든 사람들의
안전을 먼저 걱정할 뿐이다

예쁜 가을

들에서
취나물 하얀 꽃을 꺾어왔다
시집가는 언니의
수줍은 향기다
예쁘다
하늘도
누렇게 익어가는 벼 이삭도
울안의 아가씨 얼굴처럼
탐스런 감
길쭉길쭉 빨개진 고추
군무를 즐기는 고추잠자리
수채화로 채색된 가을 들판이다
예쁘다
참 예쁘다

응골의 소확행

서늘한 가을바람
그제는 활짝 핀 미소로 맞아주던 꽃무릇
오늘은 꽃대만 남아 외롭다

구기자인가 했더니
빠알간 대추방울 토마토
밭 울타리에
옹기종기 모여 시를 쓴다

아름다운 가락을 읊으며
휘돌아 흐르는 실개천
여울에 녹아 어우러진
만산의 교향악이다

붉게 익은 감은 가지가 휘어지고
성급한 홍시가 터져 바닥에 널브러졌다
낙엽 위에 굴러있는 커다란 홍시 하나
물에 씻어 속살을 베어 물었다
달콤한 가을향이 입안에 가득하다

칠색의 비빔밥 깍뚝 썬 두부에 구수한 된장국
꿀맛 같은 중식을 하고
가을 소풍에
근심걱정 다 날려 보낸
행복한 하루였다

가을앓이

비가
밤이 늦도록 내린다
문득 최헌의 「가을비 우산 속」
노래가 떠오른다

그리움이 눈처럼 쌓인 거리를……

마음에 감정이 없다면
얼마나 삭막할까
빗소리를 들으며
모두가 잠든 이 밤에
홀로 고독을 쌓는 자

언젠가 언젠가 멀어져간 그리움으로

댓글에 눈물을 흘리는 감정의 이입을 본다
비가 그치면 가을은
한 발 더 성큼 다가오겠지
떨어지는 낙엽을 보며

그 여름의 불볕보다
싱그럽던 녹색의 나무들
물살을 가르는 푸른 파도를
더 기억하며 그리워할 거야

떨어지는 가을

스산한 바람
소리 없이 떨어지는 나뭇잎
지는 해가 한 뼘 걸린 산등성이

서쪽 하늘엔
흐물흐물해지고 늘어진
무명치마 자락이
여기저기 걸리어 있다
바람이 이리저리 쓸다 지쳐
버려두고 갔나 보다

빈 벤치에 앉아서 바라보는 먼 산
산 너머 겹겹이 다가오는
산 그 너머에
"내 고향 하늘빛은
 서러운 열무김치 맛"
백수 시인의
고향 하늘빛일까
조용히 내려앉는 어둠에
나그네의 마음은 더 없이 공허해진다.

병풍

추석을 앞두고
병풍을 내려 거실에 펼쳐 놓았다
팔 폭의 큰 병풍이다

알록달록 예쁜 한복으로 단장하고
온 가족 모여 차례를 지낸다
와자지껄 웃음소리는 아직도 귓가에 쟁쟁한데
주인공들은 사라지고
텅 빈 거실에 병풍은 혼자 서 있다

동네 새댁 모여앉아
일 년 넘게 수를 놓은 병풍이다
짙은 청색 바탕에 고목의 푸른 솔잎 위로
하얗게 비상하며 내려앉는
학의 군상이 장관이다

대대로 물려줄 가보라고
마음 뿌듯하였는데
세태는 바뀌고 코로나 팬데믹에
가족은 흩어지고
고운 병풍도 이제는 구시대의 유물이 되려나

이별

바람이 불 때마다
땅위에 쌓인 낙엽들이
우루루 몰려 다닌다

낙엽을 밟으며 걷는다
바짝 마른 낙엽들이
문득
뱉어 내는 신음소리
아파요~
잔인한 발걸음에 놀라
얼른 발길을 비낀다

나무엔 아직도 단풍 진 잎들이
찬바람에 나부끼며
이별을 준비한다

아, 아픔의 계절이다

담쟁이 벽화

하늘이 점점 더 높아간다
기온은 그제보다 낮아
찬바람이 문턱에서 서성인다

결실의 계절이라 했나
길을 걷는 발 앞에
툭, 소리 없이 떨어지는 나뭇잎 하나

가을이 깊어감을 몸으로 느낀다
자연의 윤회는 시침을 뒤로하고
물 흐르듯 가던 길을 지향하는데

생의 마지막을 향기로 남기란
영글은 결실을 얻기란
요원하다

사방을 그물로 얽어 놓은 담쟁이
마지막을 채색하기에 안간힘을 쓰는데
담쟁이 벽화처럼 갈피가 없다

계절의 길목에 서서

마음이 부산하다
여기저기 널린 마음의 파편들
초조하고 공허하다

무언가 정리를 해야 하고
준비도 해야 할 것 같은데
먼 산을 바라보는 시선도
갈피가 안 잡히는 멍 때리기다

계절이 교차하는 길목에서
추석은 다가오는데
기쁨으로 가득할 마음은
손닿지 않는 허공에서 맴돈다

보고 싶은 아이들 얼굴이
순서없는 화면으로 오버랩되는데
집 안 가득 웃음소리
아직도 메아리 져 온다

지척이 천리로 느껴지는 아득함
올해는 집합일까
또 이산의 해를 넘길까

단풍

님아

발가벗은 몸뚱이가
안쓰러워
발등에 오색 이불을 덮었더이까

맑은 햇살에
님의 영을 버무려
새겨놓은
아픔인가요

긴긴 여름
함께한
연을 놓지 못해
덮고 또 덮은

바람에 날릴세라
바삐 다독이는
님의 따스한
입김인 것을

시월의 어느 날

삭발한 잔디밭에
떨어지는 햇살이 따스한 오후
갑작스런 추위에
움츠렸던 나무들이 기지개를 편다

바깥세상이 궁금했던 노랑나비
잔디 위로 날아올랐다
예쁜 날갯짓에 향기를 품어
메밀잠자리 눈 비비며 날아왔다

꿀벌 한 마리 쫓아와 숨을 몰아쉬고
숨었던 개미군단 동작을 드러낸다
잠시 눈을 현혹하더니
한순간 모두 사라졌다

두리번두리번 시선에
흔적도 잡히지 않고
아쉬움만 잔디 위에 머문다
푸른 하늘 흰 구름이 오늘따라 더 높다

풋각시

땅바닥 가득
아가들을 쏟아내는 은행 아즘마
노랗고 붉게 물든 잎들을
머리숱이 엉성하도록
체면 없이 떨구는 벚나무

표정 없이 가을을 읽고 있는
느티나무
섬잣나무
두 그림자를 안고 서 있는
여리디여린 단풍아씨

날씬한 몸매에 반한
가을 햇살이 오색실을 뽑아
한 잎 한 잎 정성 들여
곱게 짠 옷을
잎사귀마다 걸쳐 놓았다

손 타면 풋각시 고운 옷 찢겨질라
바람도 살금살금 흔들어 준다

만물이 쇠락하는 이 계절에
풋각시 단풍은
새록새록 고운 빛으로 물들어 간다

사랑스런 후예들

깊어가는 가을 숲속에
시뮬레이션인가
알록달록 색깔들이
숲 사이에 잔뜩 널려 움직인다

긴 이별을 준비하며
침묵하고 있던 숲속 공원
재잘대는 어린이들로
갑자기 생기가 돌았다
「녹야」유치원생들의 자율학습 시간

달리고 쫓아가고 귓속말을 주고 받고
번데기 같은 가문비나무 솔방울을
신기한 듯 들여다보고
빠알간 산수유 열매도 만져보고
술렁이는 공기가 생기롭다

먼발치에서 지켜보는 어른들
연신 입꼬리가 올라간다
너희는 우리의 보배
이 나라를 이끌어갈 주역들이다
손뼉 치며 크게 외쳐주고 싶다

미련

소슬한 히말라야시다
하늘에 실그늘 친 벚나무 사이에
하얀 낮달이 떴다

애잔한 얼굴빛이
고뇌하는 인간의 마음을
헤아림인가

찬바람 멈춘
겨울 한복판에서
새들의 지저귐과 윤무는 여전한데

건너편 시간 저쪽 어귀에서
차마 떠나지 못해
서성이는 미련들

따뜻한 훈풍은 언제 오려나
심지를 돋우는 마음의 등잔에
애가 타누나

하현달

차마
해님 보기 부끄러워
얼굴을 가렸구나
청명한
십일월의 차가운 하늘을
동동거리며 건너던 실구름이
외로움에 떨고있는
네 모습에
발이 묶였구나
해쓱한 낯을 드러낸
하현아,
하현아,
별똥별처럼
아스라이 묻어둔 추억에
내 마음조차 묶으려느냐

나도 따라가네

여신이 저만치 와 있다
가을을 걸친 여신이다
귀뚜라미가 밤을 새워 울어대니
그 울음이 가슴 아파
발걸음을 재촉했나 보다
청청한 나무들은
늦여름과 아직도 사랑놀음이 한창인데
바람은 커튼을 흔들며
문틈 사이로 서늘한 공기를 불러들이고
계절은 가자고
빨리 가자고 재촉한다
속절없이 그 손에 이끌려
한발 한발 멈칫 멈칫
나도 따라가네

익어가는 가을

맑은 오후
가을을 집으로 데려왔다
농소면 꿀배미에서 온
갈대
창문을 타고 들어온 바람이
짝꿍이라고 인사를 하자
갈대가 보송한 손을 흔들어 준다
창밖 맨드라미
붉은 벼슬을 한껏 치올리며
끄덕끄덕 반갑다 눈웃음 보낸다
구석에 서있던 꽈리나무
발갛게 물든 초롱을
대롱대롱 밝히자
숨어있던 귀뚜라미
청아한 목청 돋구어
또르르 돌돌 노래를 한다
갈대 옆에 있던
밤송이 삼형제, 도토리 세 아가씨
까르르 웃음으로 합창을 한다
하늘이 노을빛으로 곱게 물들어 간다